AF222052

Impressum
Verlag: BABADADA GmbH, Nedderfeld 112 , 22529 Hamburg
Geschäftsführer / Verlagsleitung: Harald Hof
Druck: Books on Demand GmbH, In de Tarpen 42, 22848 Norderstedt

Imprint
Publisher: BABADADA GmbH, Nedderfeld 112 , 22529 Hamburg, Germany
Managing Director / Publishing direction: Harald Hof
Print: Books on Demand GmbH, In de Tarpen 42, 22848 Norderstedt

škola
學校

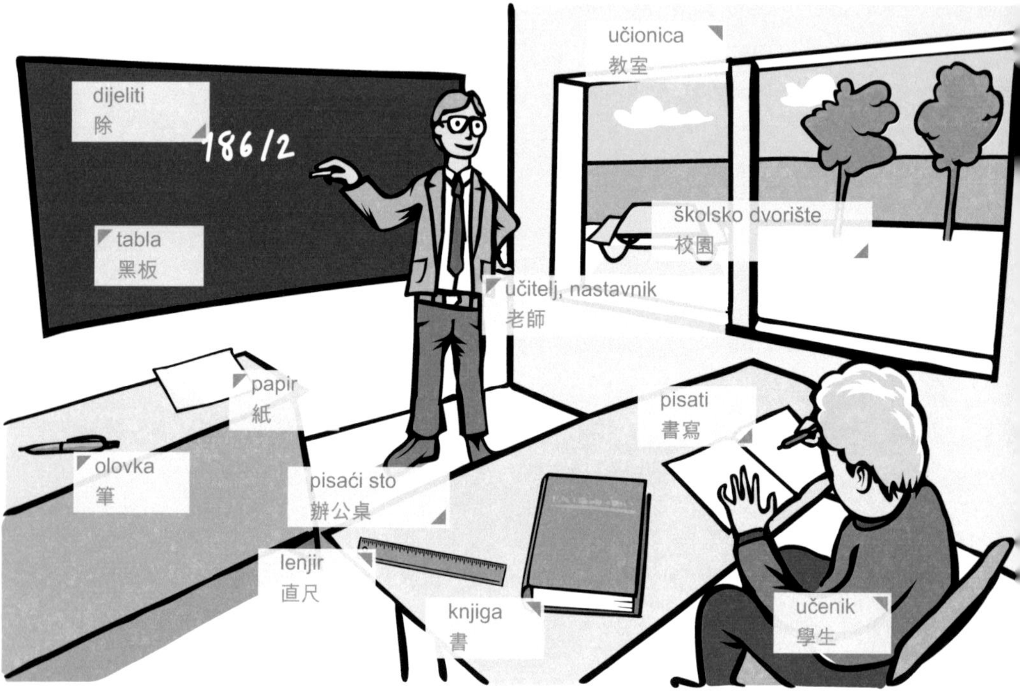
učionica
教室
dijeliti
除
186/2
tabla
黑板
školsko dvorište
校園
učitelj, nastavnik
老師
papir
紙
pisati
書寫
olovka
筆
pisaći sto
辦公桌
lenjir
直尺
knjiga
書
učenik
學生

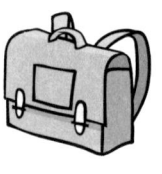

torba
書包

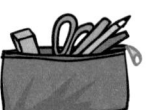

pernica
鉛筆盒

drvena olovka
鉛筆

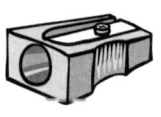

šiljalo za olovke
削鉛筆機

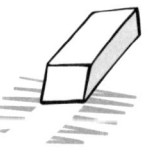

gumica
橡皮擦

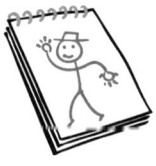

blok za crtanje
畫板

crtež

圖畫

kist

畫筆

kutija s bojama

顏料盒

makaze

剪刀

ljepilo

膠水

vježbanka

練習冊

domaća zadaća

家庭作業

broj

數字

sabirati

加

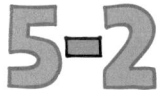

oduzimati

減

množiti

乘

računati

計算

slovo

字母

abeceda

字母表

riječ

字

tekst

課文

čitati

讀

kreda

粉筆

sat

上課

školski dnevnik

登記

ispit

考試

svjedočanstvo

證書

školska uniforma

校服

izobrazba

教育

leksikon

百科全書

univerzitet

大學

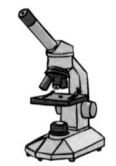

mikroskop

顯微鏡

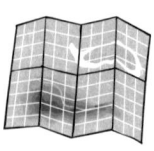

karta

地圖

korpa za papir

廢紙簍

putovanje
旅行

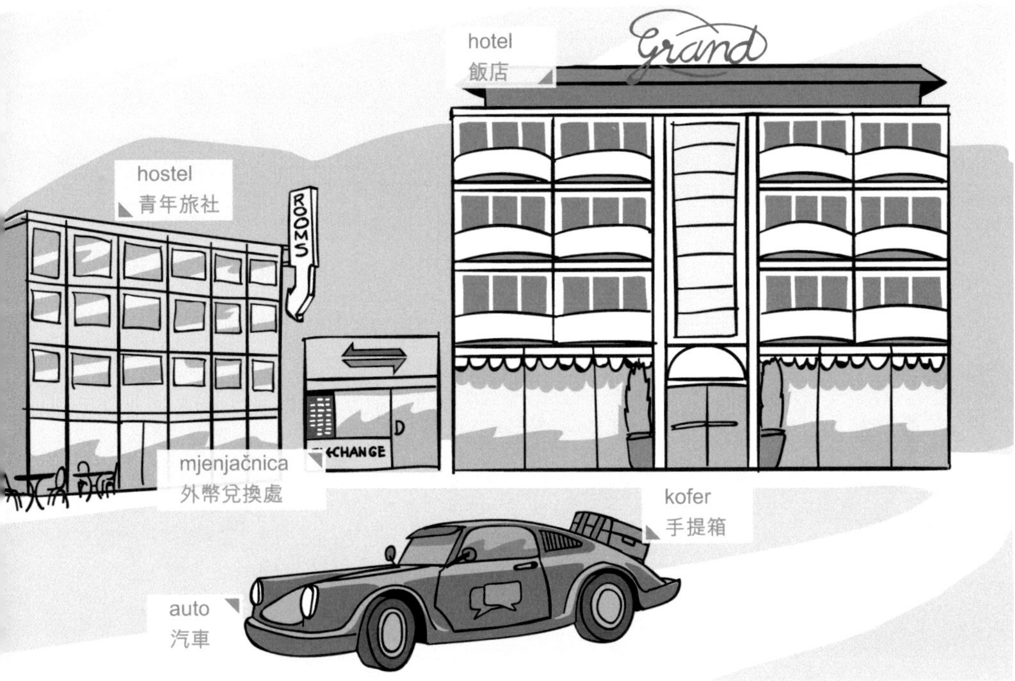

hotel
飯店
Grand
hostel
青年旅社
ROOMS
mjenjačnica
外幣兌換處
kofer
手提箱
auto
汽車

jezik

語言

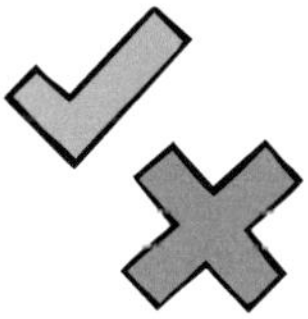

da / ne

是/否

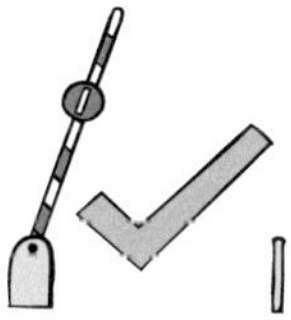

okej

好的

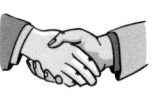

zdravo

您好

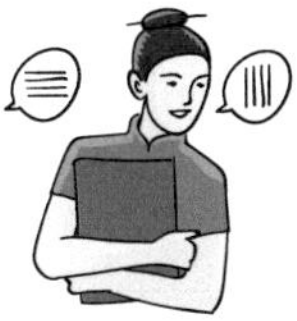

tumač

翻譯人員

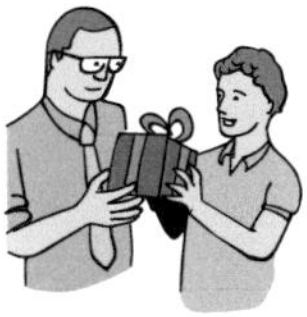

hvala

謝謝

Koliko košta...?

......多少錢？

Ne razumijem

我不明白

problem

問題

dobro veče!

晚上好！

Dobro jutro!

早上好！

Laku noć!

晚安！

doviđenja

再見

smjer

方向

prtljag

行李

torba

包

ruksak

背包

gost

客人

soba

房間

vreća za spavanje

睡袋

šator

帳篷

turističke informacije

旅行資訊

plaža

海灘

kreditna kartica

信用卡

doručak

早餐

ručak

午餐

večera

晚餐

putna karta

票

lift

電梯

poštanska markica

郵票

granica

邊界

carina

海關

ambasada

大使館

viza

簽證

pasoš

護照

transport
交通運送

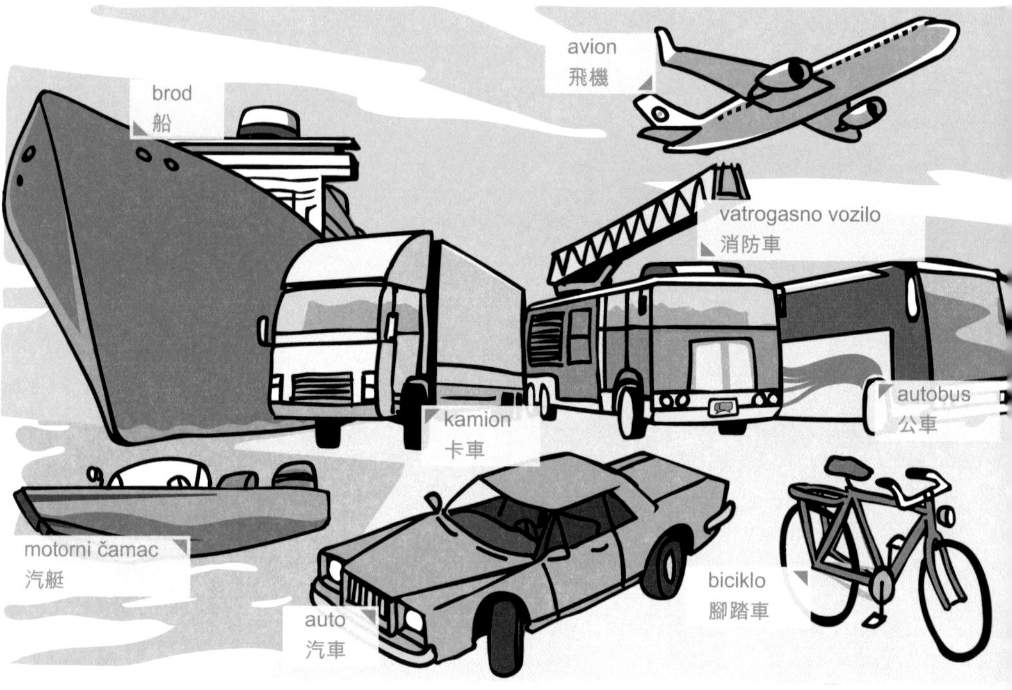

avion
飛機
brod
船
vatrogasno vozilo
消防車
autobus
公車
kamion
卡車
motorni čamac
汽艇
biciklo
腳踏車
auto
汽車

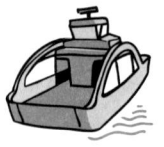

trajekt

渡輪

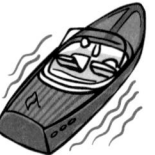

brod

小船

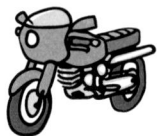

motocikl

機車

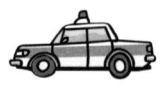

policijski automobil

警車

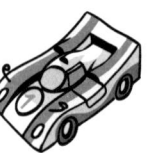

trkaći automobil

賽車

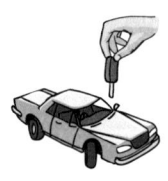

unajmljeni automobil

租車

kar-šering

拼車

pauk

拖車

smećarsko vozilo

垃圾車

motor

馬達

gorivo

汽油

benzinska pumpa

加油站

saobraćajni znak

交通標識

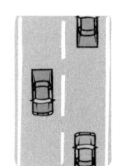

saobraćaj

交通

zastoj

交通堵塞

parking

停車場

željeznička stanica

火車站

šlne

軌道

voz

火車

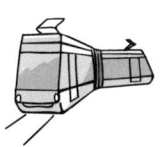

tramvaj

路面電車

vagon

客車廂

helikopter

直升機

aerodrom

機場

toranj

塔

putnik

乘客

kontejner

集裝箱

karton

紙板箱

tačke

手推車

korpa

籃子

poletjeti / sletjeti

起飛/降落

grad

城市

selo

村莊

centar grada

市中心

kuća

房子

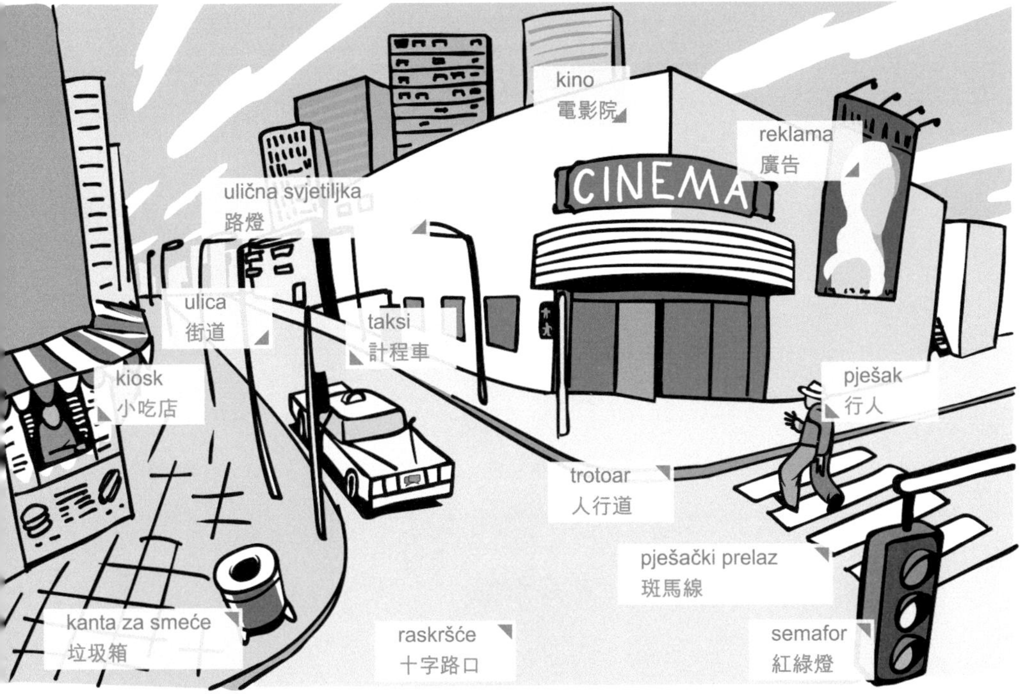

kino
電影院
reklama
廣告
CINEMA
ulična svjetiljka
路燈
ulica
街道
taksi
計程車
kiosk
小吃店
pješak
行人
trotoar
人行道
pješački prelaz
斑馬線
kanta za smeće
垃圾箱
raskršće
十字路口
semafor
紅綠燈

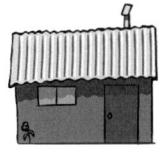

koliba

小屋

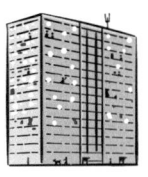

stan

公寓

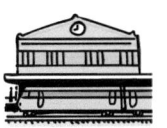

željeznička stanica

火車站

vjećnica

市政廳

MUSEUM

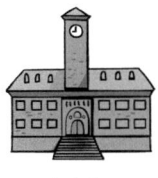

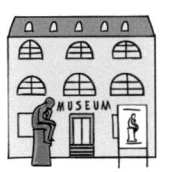

muzej

博物館

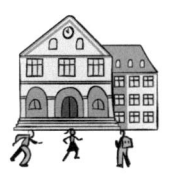

škola

學校

univerzitet

大學

banka

銀行

bolnica

醫院

hotel

飯店

apoteka

藥房

ured

辦公室

knjižara

書店

radnja

商店

cvjećara

花店

supermarket

超市

pijaca

市場

robna kuća

百貨商店

prodavač ribe

魚店

trgovački centar

購物中心

luka

海港

park

公園

klupa

長凳

most

橋

stepenice

樓梯

podzemna željeznica

捷運

tunel

隧道

autobuska stanica

公車站

bar

酒吧

restoran

餐館

poštanski sandučić

郵筒

saobraćajni znak

路標

sat za naplatu parkinga

停車計時器

zoološki vrt

動物園

bazen

游泳池

džamija

清真寺

seosko imanje

農場

zagađenje okoline

污染

groblje

墓地

crkva

教堂

igralište

操場

hram

寺廟

krajolik

地形

list
樹葉

putokaz
指示牌

putokaz
路

livada
草地

kamen
石頭

drvo
樹

putnik
徒步旅行
者

rijeka
河

trava
草

cvijet
花

dolina

峽谷

brdo

丘陵

jezero

湖

šuma

森林

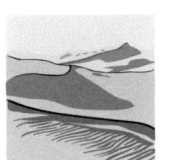

pustinja

沙漠

vulkan

火山

dvorac

城堡

duga

彩虹

gljiva

蘑菇

palma

棕櫚樹

komarac

蚊子

muha

蒼蠅

mrav

螞蟻

pčela

蜜蜂

pauk

蜘蛛

buba

甲蟲

žaba

青蛙

vjeverica

松鼠

jež

刺蝟

zec

野兔

sova

貓頭鷹

ptica

鳥

labud

天鵝

divlja svinja

野豬

jelen

鹿

los

麋鹿

brana

水壩

vjetrenjaca

風力發電機

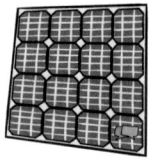

solarni modul

太陽能電池板

klima

氣候

restoran
餐館

konobar
服務生
jelovnik
菜譜
stolica
椅子
supa
湯
pica
披薩餅
pribor za jelo
餐具
stolnjak
桌布

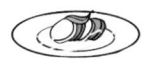

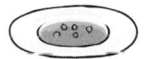

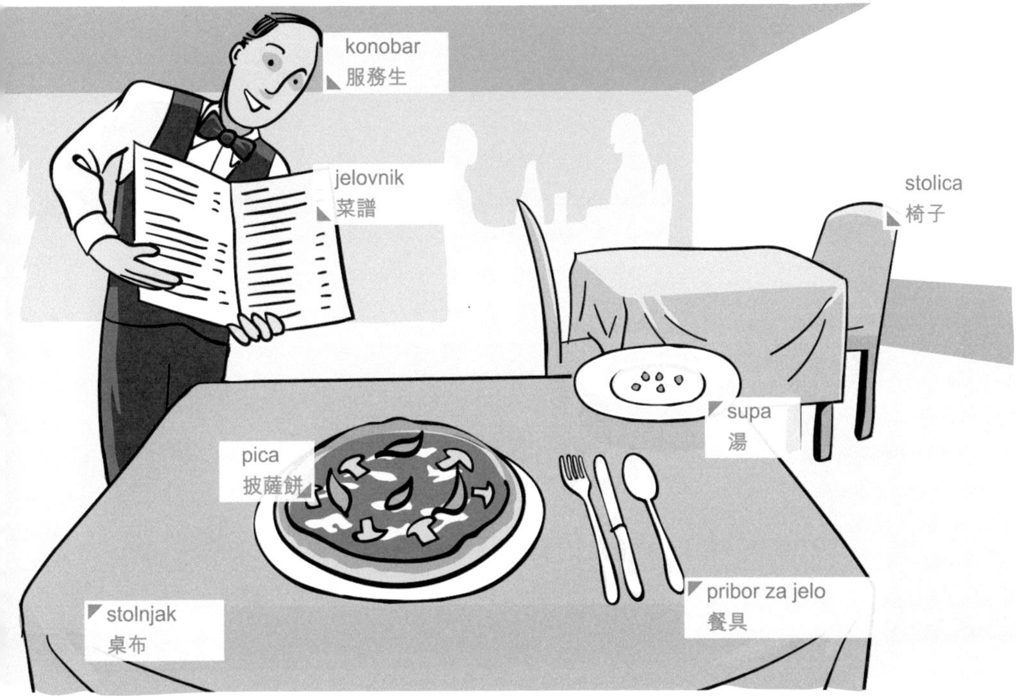

predjelo

前菜

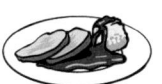

glavno jelo

主菜

desert

甜點

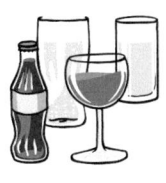

piće

飲料

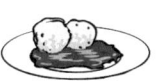

jelo

食物

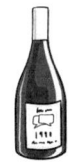

flaša

瓶子

brza hrana

速食

jelo sa ulice

街邊小吃

čajnik

茶壺

šećernica

糖盒

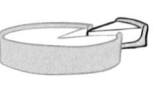

porcija

一份飯菜

mašina za espreso

義式咖啡機

barska stolica

高腳椅

račun

帳單

tacna

托盤

nož

刀

viljuška

餐叉

kašika

勺子

kašičica

茶匙

salveta

餐巾

čaša

玻璃杯

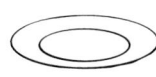

tanjir

碟子

tanjir za supu

湯盤

tanjurić

碟子

sos

醬

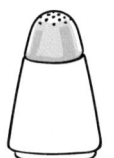

solanik

鹽瓶

mlin za biber

胡椒研磨罐

sirće

醋

ulje

食用油

začini

調味料

kečap

番茄醬

senf

芥末

majoneza

美乃滋

supermarket
超市

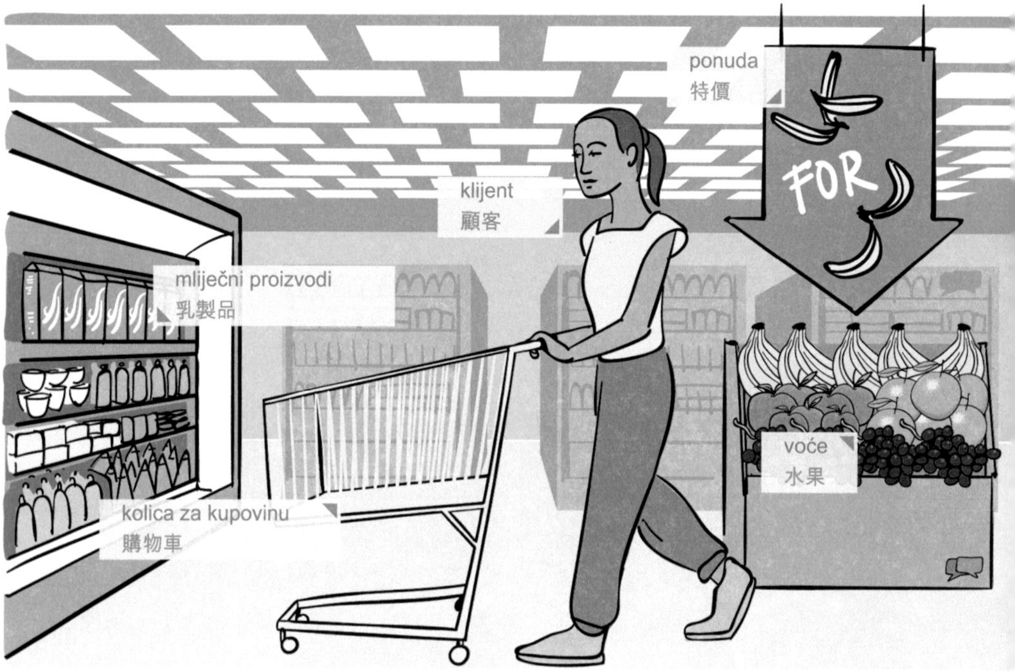

ponuda
特價
FOR
klijent
顧客
mliječni proizvodi
乳製品
voće
水果
kolica za kupovinu
購物車

BUTCHERS

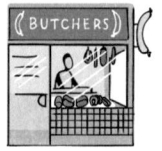

mesnica- klaonica

肉鋪

BAKERY

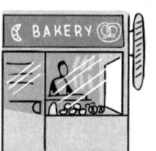

pekara

麵包店

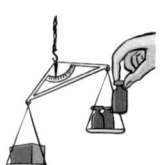

vagati

稱重

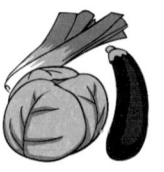

povrće

蔬菜

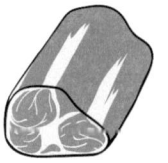

meso

肉

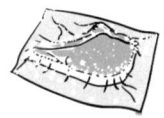

zaleđena hrana

冷凍食品

narezak

冷盤

konzerve

罐頭食品

prašak za veš

洗衣粉

slatkiši

甜食

kućanski proizvodi

日用品

sredstvo za čišćenje

清潔用品

prodavačica

銷售員

kasa

收銀機

blagajnik

收銀員

lista za kupovinu

購物清單

radno vrijeme

開放時間

novčanik

錢包

kreditna kartica

信用卡

torba

袋子

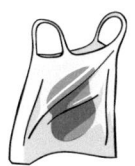

najlonska vrećica

塑膠袋

voda

水

sok

果汁

mlijeko

牛奶

kola

可樂

vino

紅酒

pivo

啤酒

alkohol

酒

kakao

可可

čaj

茶

kafa

咖啡

espreso

義式濃縮咖啡

kapućino

卡布奇諾

banana

香蕉

jabuka

蘋果

narandža

柳丁

lubenica

西瓜

limun

檸檬

mrkva

胡蘿蔔

bijeli luk

大蒜

bambus

竹子

crveni luk

洋蔥

gljiva

蘑菇

orašasti plodovi

堅果

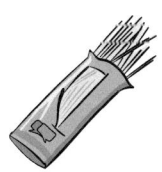

pasta

麵條

špagete

義大利麵

riža

米飯

salata

沙拉

pomfrit

薯條

pečeni krompir

炸馬鈴薯

pica

披薩餅

hamburger

漢堡

sendvič

三明治

šnicla

炸豬排

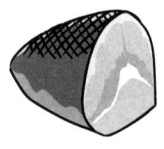

šunka

火腿

kobasica

義大利臘腸

kobasica

香腸

kokos

雞肉

pečenje

烤肉

riba

魚

zobene pahuljice

燕麥片

muzli

木斯里

kornfleks

玉米片

brašno

麵粉

kroason

牛角麵包

zemičke

麵包捲

kruh

麵包

tost

吐司

keksi

餅乾

maslac

奶油

svježi sir

凝乳

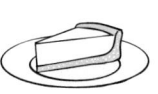

kolač

蛋糕

jaje

蛋

jaje na oko

煎蛋

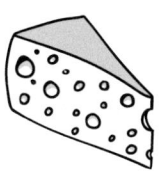

sir

起司

sladoled

冰淇淋

šećer

糖

med

蜂蜜

marmelada

果醬

nugat krema

巧克力醬

kuri

咖哩

seosko imanje
農場

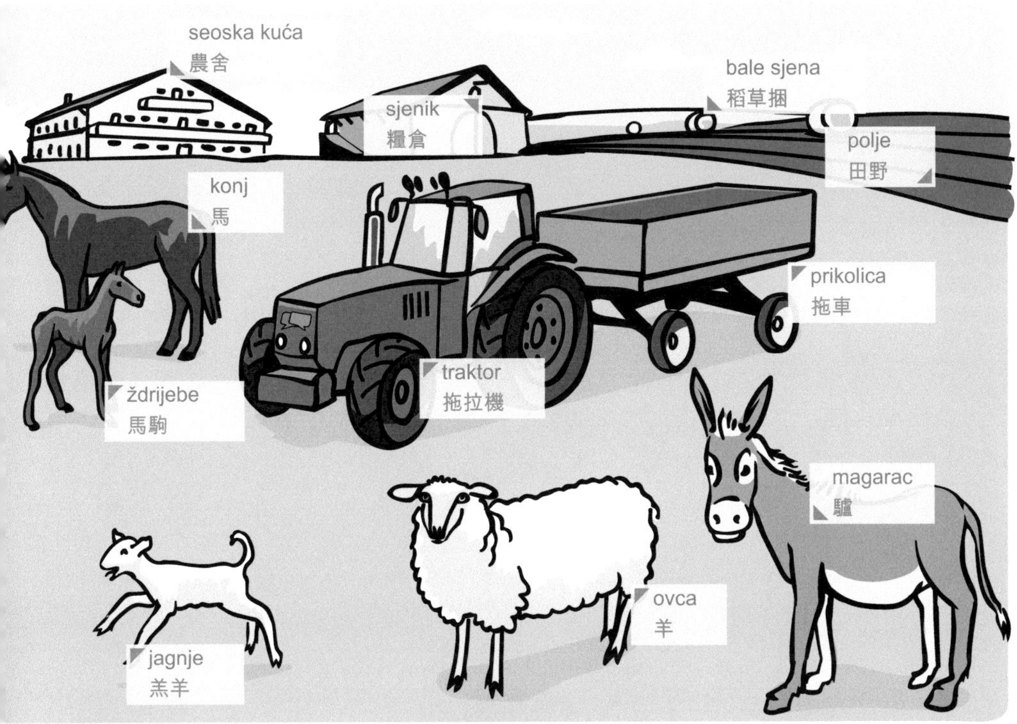
seoska kuća
農舍
sjenik
糧倉
bale sjena
稻草捆
polje
田野
konj
馬
prikolica
拖車
traktor
拖拉機
ždrijebe
馬駒
magarac
驢
ovca
羊
jagnje
羔羊

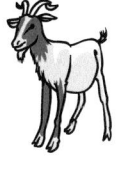

koza
山羊

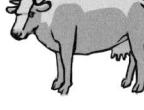

krava
奶牛

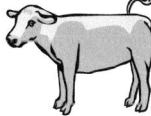

tele
小牛

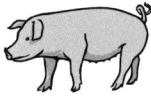

svinja
豬

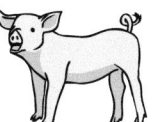

prase
小豬

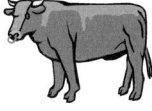

bik
公牛

guska

鵝

patka

鴨

pile

小雞

kokoška

母雞

pjetao

公雞

pacov

鼠

mačka

貓

miš

老鼠

vol

牛

pas

狗

pseća kućica

狗屋

crijevo za baštu

花園澆水軟管

kanta za zalijevanje

澆水壺

kosa

長柄大鐮刀

plug

犁

srp

鐮刀

motika

鋤頭

vile

長柄草耙

sjekira

斧頭

tačke

獨輪手推車

korito

飼料槽

bokal za mlijeko

牛奶罐

vreća

麻布袋

ograda

柵欄

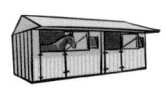

štala

馬廄

staklenik

溫室

tlo

土壤

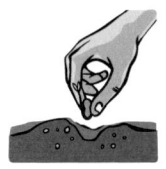

sjeme

種子

đubrivo

肥料

kombajn

聯合收割機

kositi

收割

žetva

收割

jam korijen

地瓜

pšenica

小麥

soja

大豆

krompir

土豆

kukuruz

玉米

uljana repica

油菜籽

drvo voća

果樹

manioka

樹薯

žito

穀物

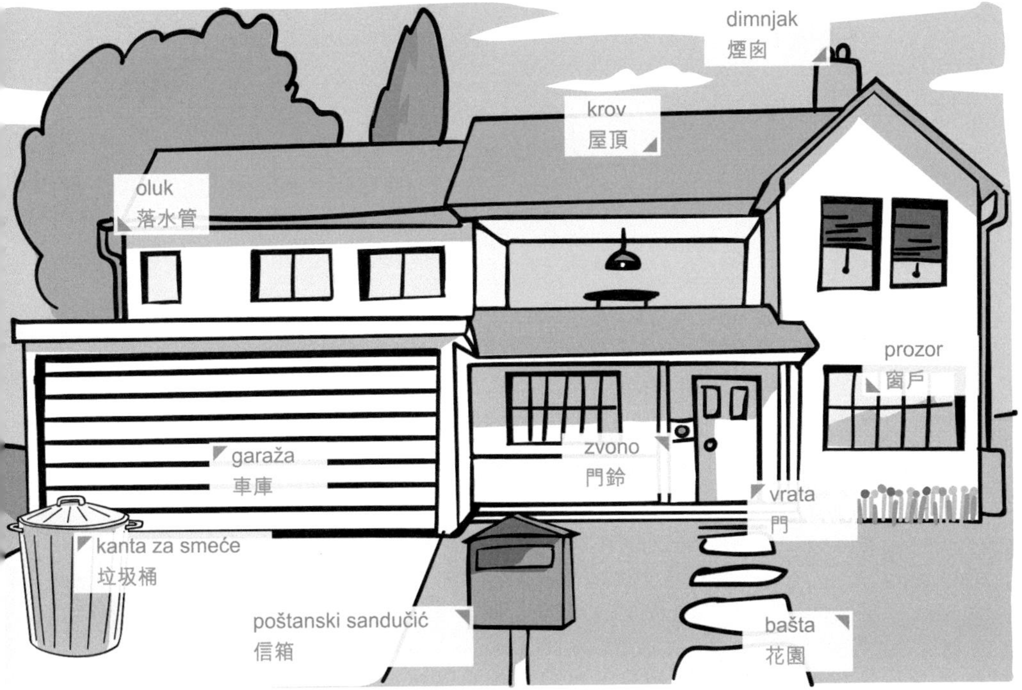

dimnjak
煙囪

krov
屋頂

oluk
落水管

prozor
窗戶

garaža
車庫

zvono
門鈴

vrata
門

kanta za smeće
垃圾桶

poštanski sandučić
信箱

bašta
花園

dnevni boravak

客廳

kupatilo

浴室

kuhinja

廚房

spavaća soba

臥室

dječija soba

兒童房

trpezarija

餐廳

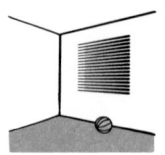

pod, tlo

地板

zid

牆壁

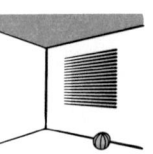

plafon

天花板

podrum

地窖

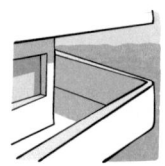

sauna

三溫暖

balkon

陽臺

terasa

露臺

bazen

游泳池

kosilica

割草機

posteljina

被單

pokrivač

床罩

krevet

床

metla

掃帚

kanta

水桶

prekidač

開關

dnevni boravak
客廳

tapeta
壁紙
fotografija
相片
lampa
檯燈
polica
擱架
ormar
櫥櫃
televizija
電視
dimnjak
壁爐
cvijet
花
jastuk
墊子
kauč
沙發
vaza
花瓶
daljinski upravljač
遙控器

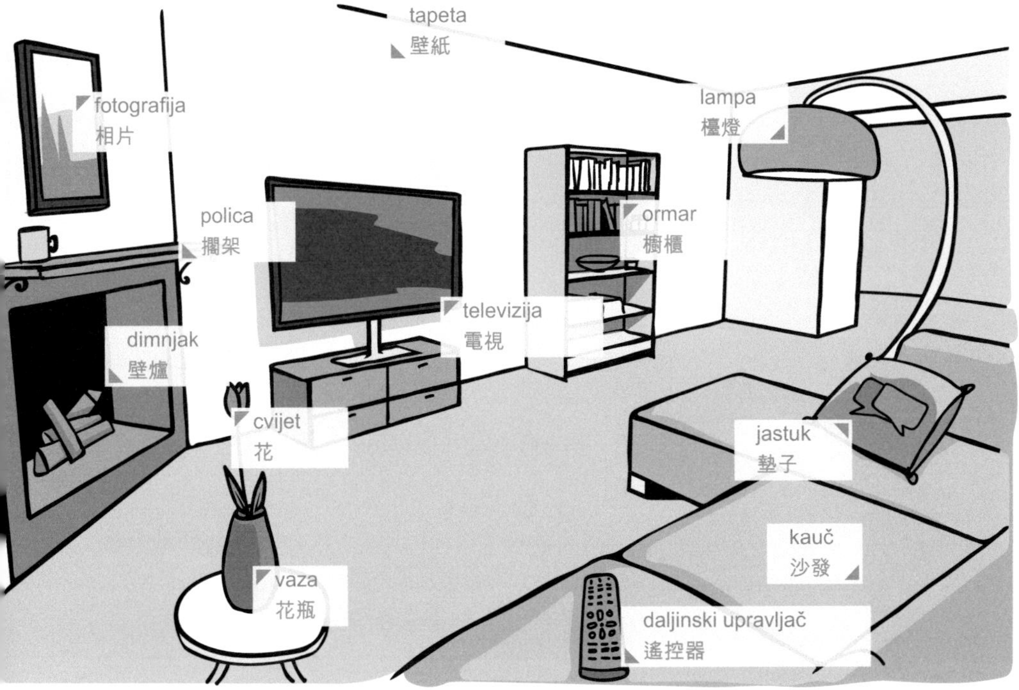

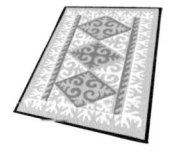

tepih
地毯

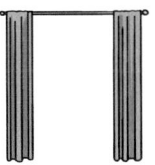

zavjesa
窗簾

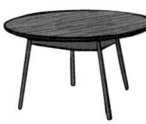

stol
餐桌

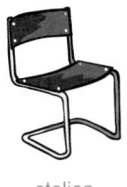

stolica
椅子

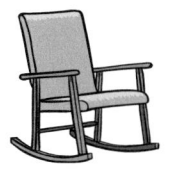

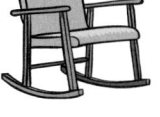

stolica za ljuljanje
搖椅

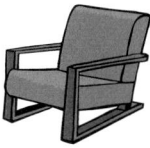

fotelja
扶手椅

knjiga

書

deka

毯子

dekoracija

裝飾品

ložno drvo

木柴

film

電影

stereo uređaj

高傳真音響

ključ

鑰匙

novine

報紙

umjetnička slika

油畫

poster

海報

radio

收音機

blok za bilješke

筆記本

usisavač

吸塵器

kaktus

仙人掌

svijeća

蠟燭

kuhinja
廚房

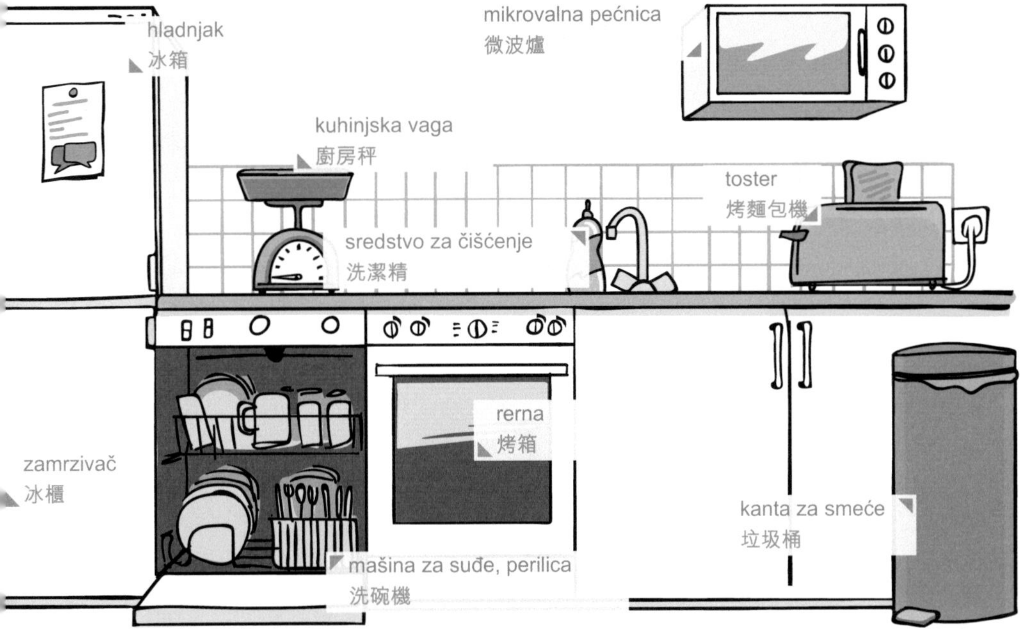
hladnjak
冰箱
mikrovalna pećnica
微波爐
kuhinjska vaga
廚房秤
toster
烤麵包機
sredstvo za čišćenje
洗潔精
rerna
烤箱
zamrzivač
冰櫃
kanta za smeće
垃圾桶
mašina za suđe, perilica
洗碗機

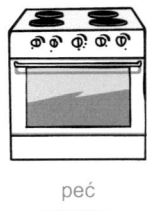

peć

炊具

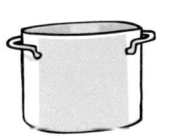

lonac

鍋

metalni lonac

鑄鐵鍋

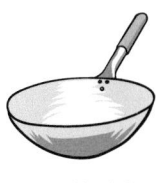

vok / kadai

炒鍋

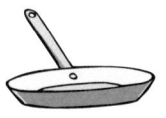

tava, tiganj

平底鍋

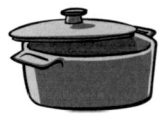

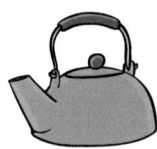

kuhalo

水壺

aparat za kuhanje na pari

蒸鍋

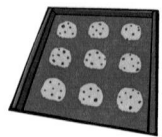

lim za pečenje

烤盤

posuđe

陶瓷鍋

šalica

馬克杯

činija

碗

kineski štapići

筷子

kutlača

長柄勺

lopatica

鏟子

metlica za snijeg bjelanjca

攪拌器

sito za kuhanje

濾網

sito

篩子

ribež

磨碎機

avan s tučkom

研缽

roštilj

燒烤

ložište

明火

daska

菜板

oklagija

擀麵杖

vadičep

開瓶器

konzerva

罐子

otvarač za konzerve

開罐器

krpe za lonac

隔熱手套

sudoper

水槽

četka

刷子

spužva

海綿

mikser

攪拌機

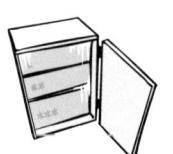

zamrzivač

冷藏箱

flašica za bebu

奶瓶

slavina

水龍頭

kupatilo
浴室

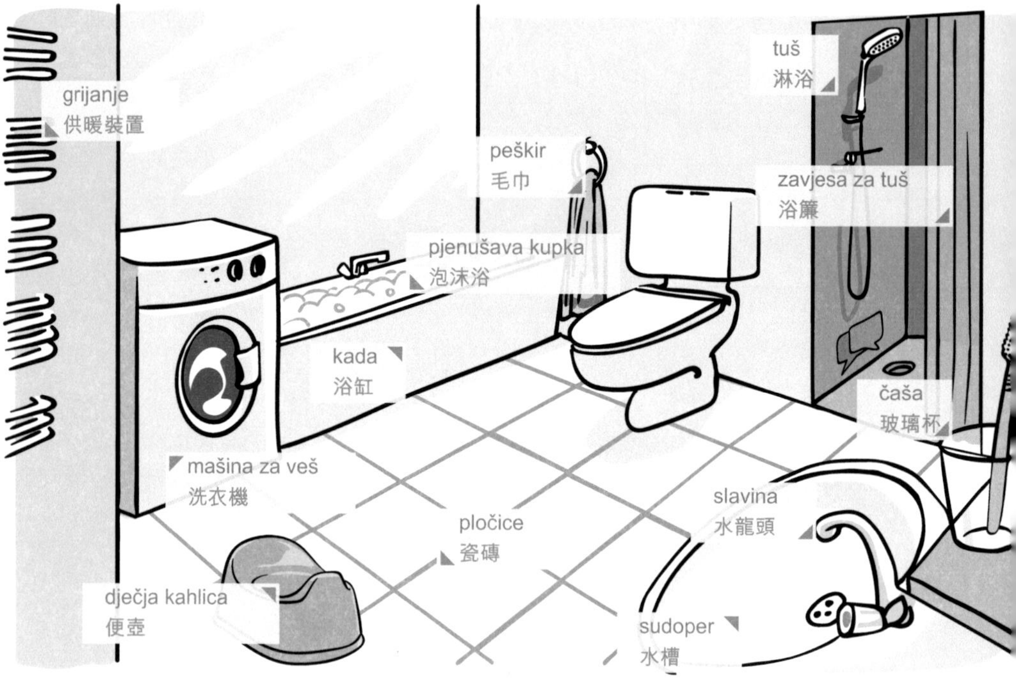
grijanje
供暖裝置
peškir
毛巾
tuš
淋浴
zavjesa za tuš
浴簾
pjenušava kupka
泡沫浴
kada
浴缸
čaša
玻璃杯
mašina za veš
洗衣機
slavina
水龍頭
pločice
瓷磚
dječja kahlica
便壺
sudoper
水槽

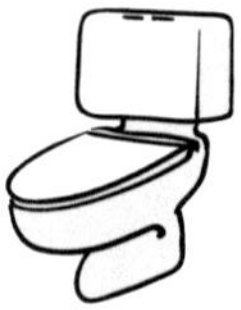

toalet

廁所

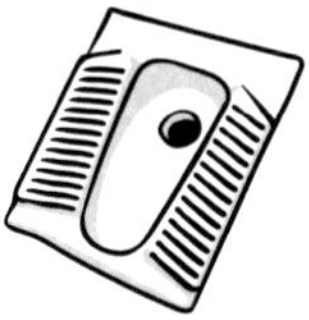

čučavac

蹲便器

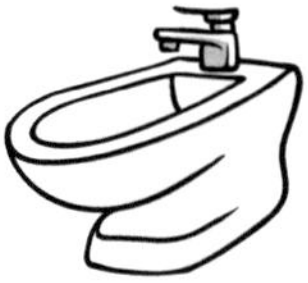

bide

坐浴器

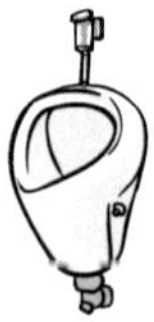

pisoar

小便斗

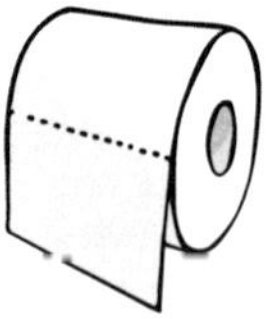

toalet papir

廁紙

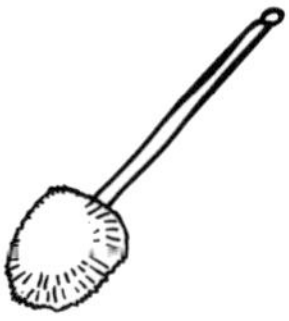

četka za wc

馬桶刷

četkica za zube

牙刷

pasta za zube

牙膏

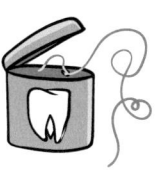

zubni konac

牙線

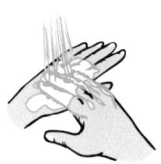

prati

洗

tuš

手持式蓮蓬頭

intimni tuš

沖洗器

lavor

洗臉盆

četka za leđa

洗背刷

sapun

肥皂

gel za tuširanje

沐浴露

šampon

洗髮乳

krpe za pranje

法蘭絨

odvod

排水

krema

乳霜

dezodorans

除臭劑

ogledalo

鏡子

ogledalo za šminkanje

手鏡

brijač

刮鬍刀

pjena za brijanje

刮鬍泡沫

vodica poslije brijanja

鬚後水

češalj

梳子

četka

刷子

fen

吹風機

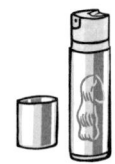

sprej za kosu

噴髮定型劑

puder

化妝品

karmin

唇膏

lak za nokte

指甲油

vata

化妝棉

makazice za nokte

指甲剪

parfem

香水

kozmetička torbica

洗漱包

hoklica

凳子

vaga

計重秤

kupaći ogrtač

浴袍

rukavice za čišćenje

橡膠手套

tampon

衛生棉條

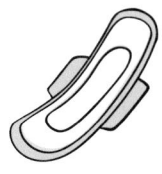

uložak za dame

衛生棉

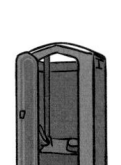

hemijski toalet

化學廁所

kupatilo - 浴室

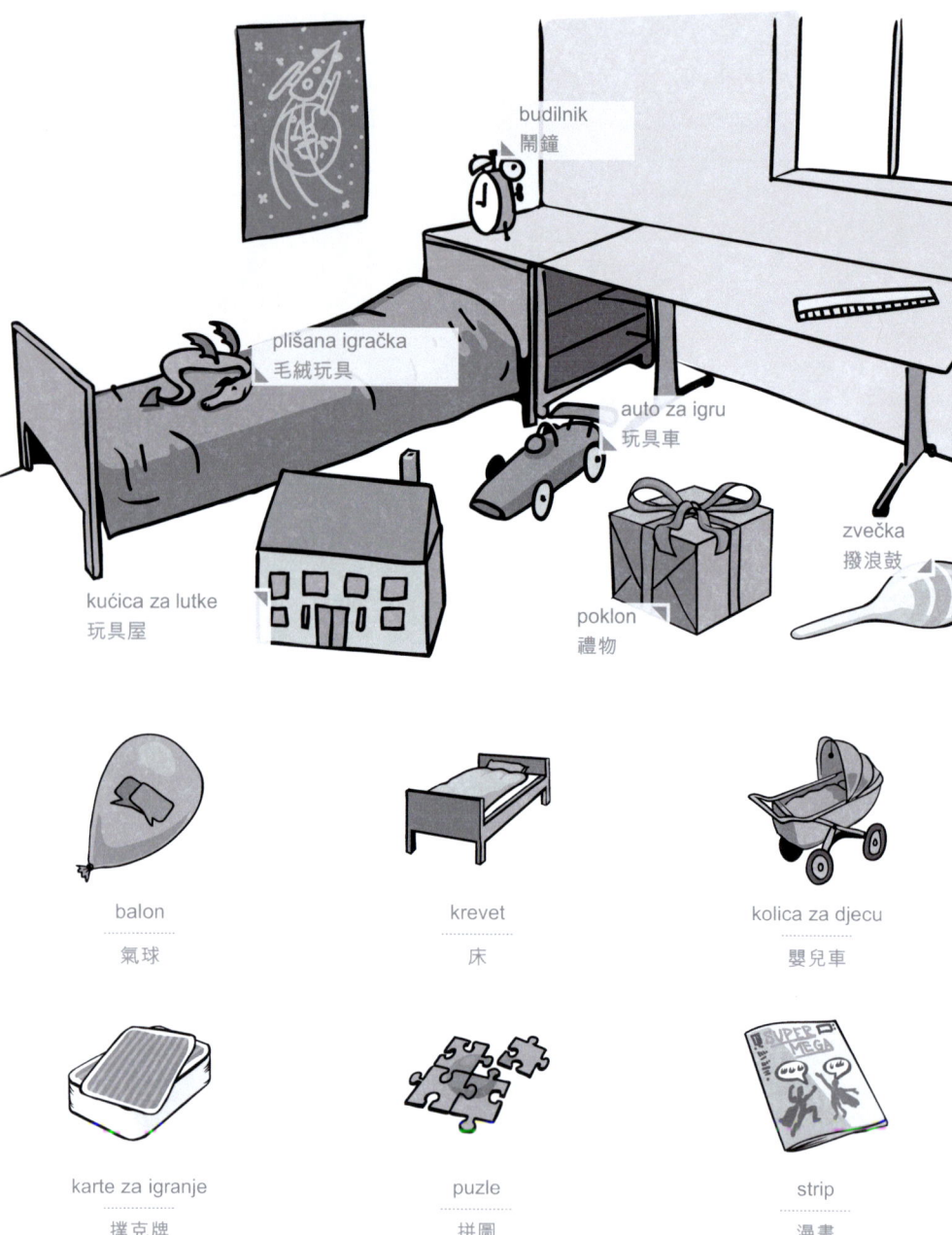

budilnik
鬧鐘

plišana igračka
毛絨玩具

auto za igru
玩具車

kućica za lutke
玩具屋

poklon
禮物

zvečka
撥浪鼓

balon
氣球

krevet
床

kolica za djecu
嬰兒車

karte za igranje
撲克牌

puzle
拼圖

strip
漫畫

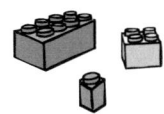

lego kockice

樂高積木

kockice za gradnju

積木玩具

akcione figure

公仔

benkica

嬰兒服

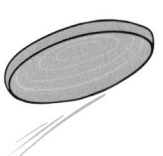

frizbi

飛盤

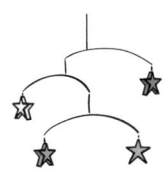

mobile

床鈴玩具

igra na ploči

棋盤遊戲

kocka

骰子

miniatura željeznice

火車模型

cucla

安撫奶嘴

zabava

派對

slikovnica

繪本

lopta

球

lutka

洋娃娃

igrati

玩

pješćanik

沙坑

ljuljačka

鞦韆

igračke

玩具

konzola za igru

電玩遊戲

triciklo

三輪車

medvjedić

泰迪熊

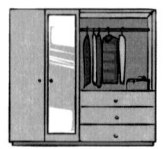

ormar

衣櫃

odjeća

衣服

kratke čarape

襪子

čarape

長襪

hulahopke

緊身褲

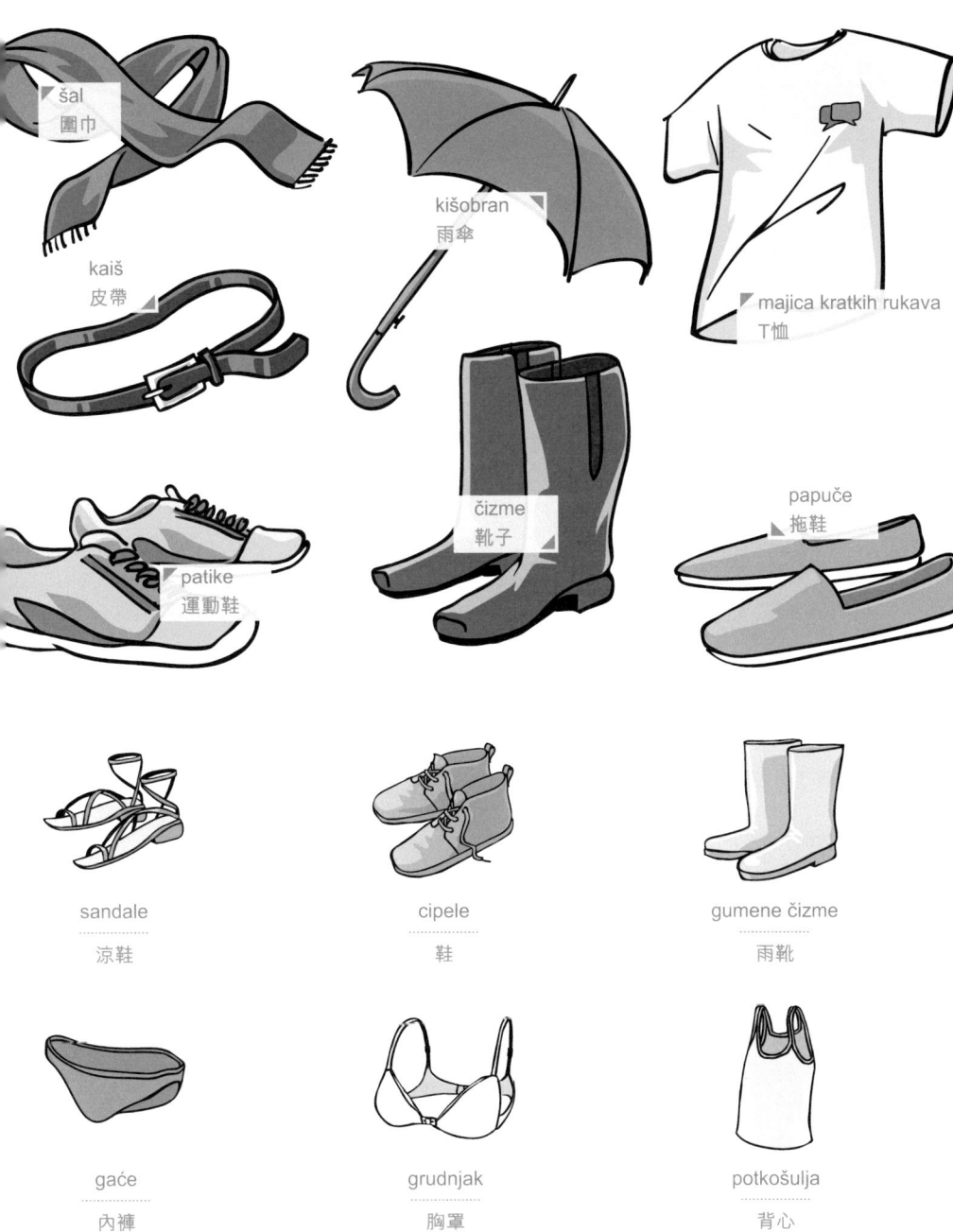

šal
圍巾

kaiš
皮帶

kišobran
雨傘

majica kratkih rukava
T恤

patike
運動鞋

čizme
靴子

papuče
拖鞋

sandale
涼鞋

cipele
鞋

gumene čizme
雨靴

gaće
內褲

grudnjak
胸罩

potkošulja
背心

bodi

身體

hlače

褲子

farmerke

牛仔褲

suknja

短裙

bluza

女式襯衫

košulja

襯衫

džemper

套頭衫

majica

連帽上衣

sako

西裝夾克

jakna

夾克

mantil

外套

kišni mantil

雨衣

kostim

套裝

haljina

連衣裙

vjenčanica

婚紗

odijelo

西裝

spavaćica

睡袍

pidžama

睡衣

sari

莎麗

marama

頭巾

turban

包頭巾

burka

波卡

kaftan

卡夫坦

abaja

(阿拉伯式)長袍

kupaći kostim

泳衣

kupaće gaće

男式泳褲

kratke hlače

短褲

trenerka

運動服

pregača

圍裙

rukavice

手套

dugme

鈕扣

naočare

眼鏡

narukvica

手鏈

ogrlica

項鍊

prsten

戒指

naušnica

耳環

kapa

便帽

vješalica

衣架

šešir

帽子

kravata

領帶

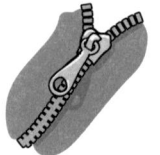

patentni zatvarač

拉鍊

kaciga

安全帽

tregeri za hlače

背帶

školska uniforma

校服

uniforma

制服

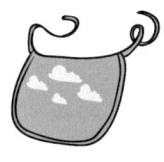

podbradak

圍兜

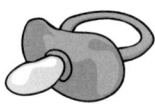

cucla

安撫奶嘴

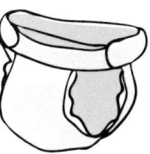

pelene

尿布

ured

辦公室

server
伺服器
ormar za kartoteku
檔案櫃
štampač
印表機
papir
紙
monitor
螢幕
miš
滑鼠
pisaći sto
辦公桌
registrator
資料夾
tastatura
鍵盤
korpa za papir
廢紙簍
kompjuter
電腦
stolica
椅子

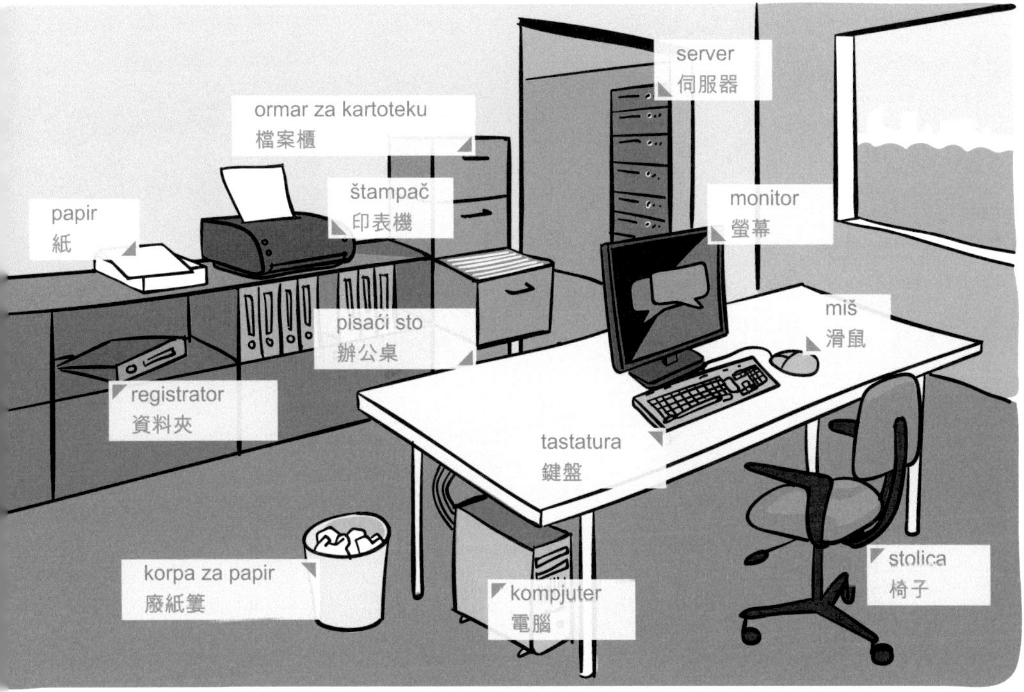

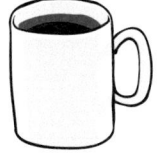

šolja za kafu

咖啡杯

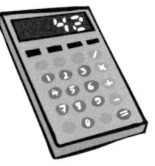

kalkulator

計算機

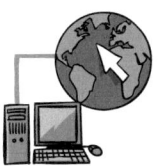

internet

網際網路

laptop

筆記型電腦

pismo

信件

poruka

簡訊

mobilni telefon

行動電話

mreža

網路

aparat za kopiranje

影印機

softver

軟體

telefon

電話

utičnica

插座

faks

傳真機

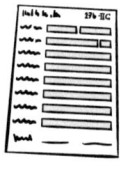

formular

表格

dokument

檔案

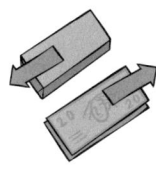

kupovati

買

platiti

付錢

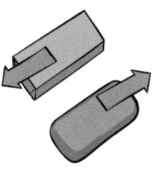

trgovati

交易

novac

現金

dolar

美元

euro

歐元

jen

日元

rublja

盧布

franak

瑞士法郎

renminbi jen

人民幣

rupi

盧比

bankomat

提款處

mjenjačnica

外幣兌換處

zlato

金

srebro

銀

nafta

石油

energija

能源

cijena

價格

ugovor

合約

porez

稅金

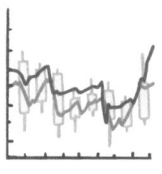

akcija

股票

raditi

工作

službenik

職員

poslodavac

老闆

fabrika

工廠

radnja

商店

zanimanja

職業

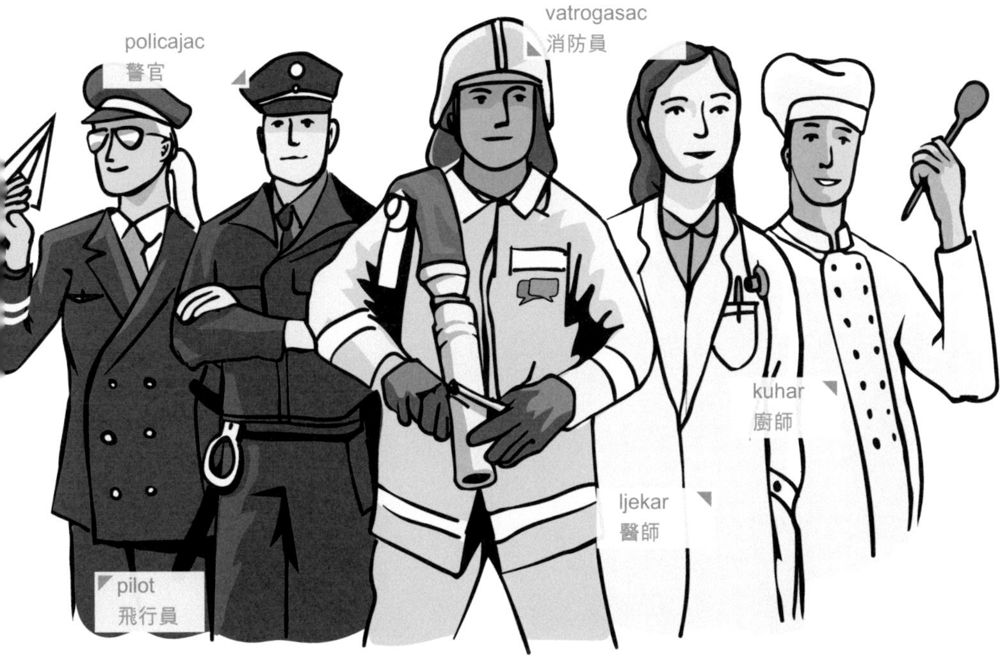

policajac
警官
vatrogasac
消防員
kuhar
廚師
ljekar
醫師
pilot
飛行員

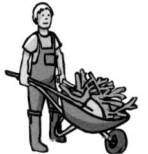

baštovan

園丁

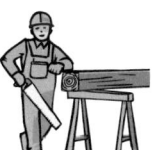

stolar

木匠

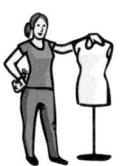

krojačica

裁縫

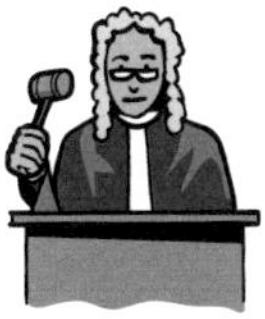

sudija

法官

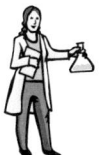

hemičar

化學家

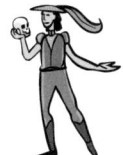

glumac

演員

vozač autobusa

公車司機

vozač taksija

計程車司機

ribar

漁夫

čistačica

清洗女工

krovopokrivač

屋頂工

konobar

服務生

lovac

獵人

moler

畫家

pekar

麵包師

električar

電工

građevinski radnik

建築工人

inženjer

工程師

koljač

屠夫

limar, vodoinstalater

水管工

poštar

郵差

vojnik

士兵

arhitekta

建築師

blagajnik

收銀員

cvjećar

花農

frizer

理髮師

kontrolor

售票員

mehaničar

機械技師

kapiten

船長

zubar

牙醫

naučnik

科學家

rabln

拉比

imam

伊瑪目

monah

和尚

sveštenik

牧師

alat

工具

čekić
鐵錘
kliješta
鉗子
izvijač
螺絲起子
vijčani ključ
扳手
džepna lampa
手電筒

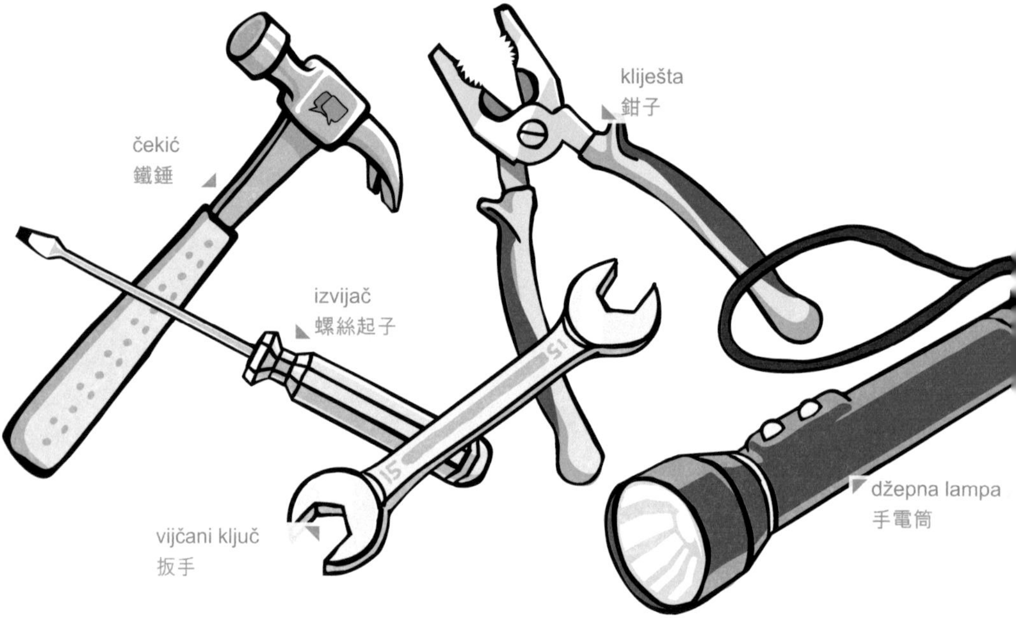

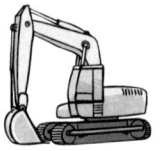

bager

挖掘機

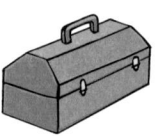

kutija sa alatom

工具箱

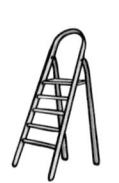

ljestve

梯子

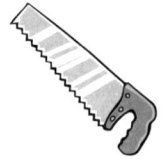

testera, pila

鋸子

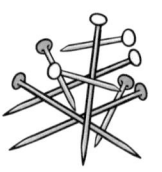

ekser

釘子

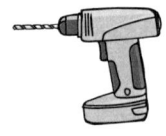

bušilica

鑽機

popraviti

修

lopata

鏟子

sranje!

糟糕！

lopatica

畚箕

kanta boje

油漆桶

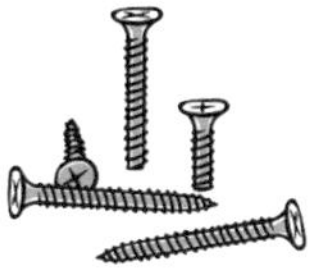

vijak

螺絲

muzički instrumenti

樂器

zvučnik
揚聲器

bubnjevi
打擊樂器 ◢

kontrabas
低音提琴

truba
小號

gitara
吉他 ◢

klavir

鋼琴

violina

小提琴

bas

貝斯

bubanj timpani

定音鼓

bubanj

鼓

sintisajzer

電子琴

saksofon

薩克斯風

flauta

長笛

mikrofon

麥克風

zološki vrt

動物園

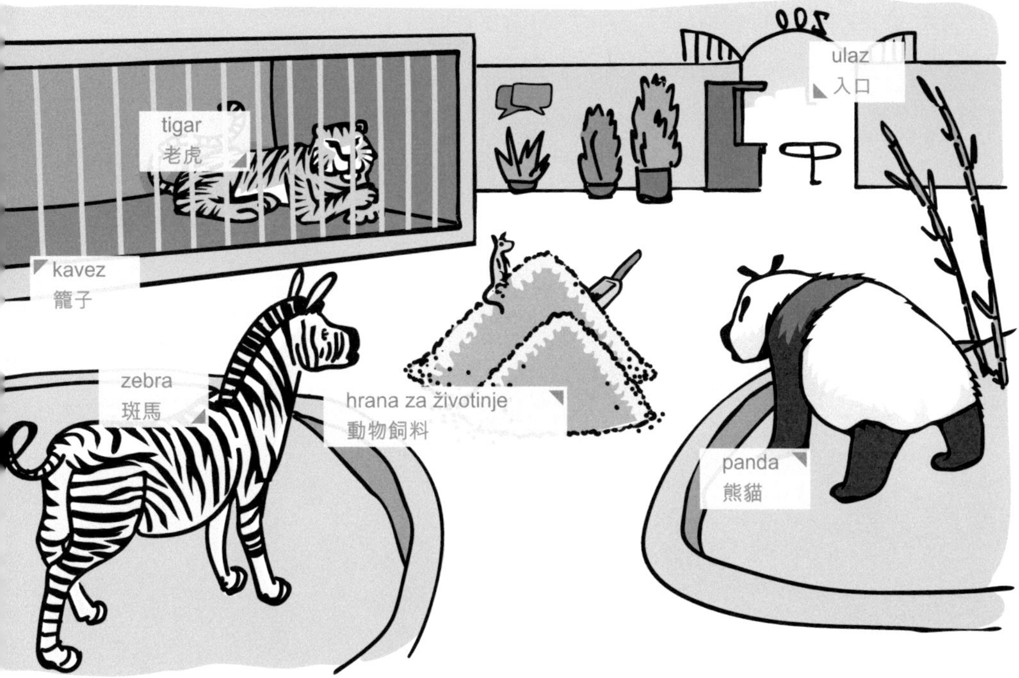

ulaz
入口
tigar
老虎
kavez
籠子
zebra
斑馬
hrana za životinje
動物飼料
panda
熊貓

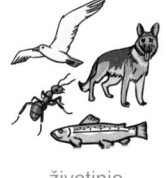

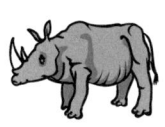

životinje

動物

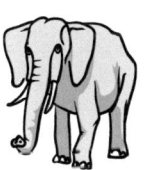

slon

大象

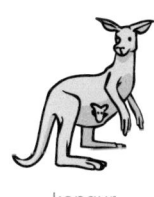

kengur

袋鼠

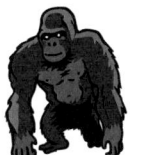

nosorog

犀牛

gorila

大猩猩

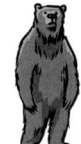

medvjed

熊

kamila

駱駝

noj

鴕鳥

lav

獅子

majmun

猴子

flamingo

紅鶴

papagaj

鸚鵡

polarni medvjed

北極熊

pingvin

企鵝

morski pas

鯊魚

paun

孔雀

zmija

蛇

krokodil

鱷魚

čuvar u zološkom vrtu

動物園管理員

tuljan

海豹

jaguar

美洲豹

poni

矮種馬

leopard

豹

nilski konj

河馬

žirafa

長頸鹿

orao

老鷹

divlja svinja

野豬

riba

魚

kornjača

龜

morž

海象

lisica

狐狸

gazela

羚羊

američki fudbal
橄欖球

vožnja bicikla
騎腳踏車

tenis
網球

košarka
籃球

plivanje
游泳

boks
拳擊

hokej na ledu
冰球

fudbal
美式足球

bedminton
羽毛球

laka atletika
田徑

rukomet
手球

skijanje
滑雪

polo
馬球

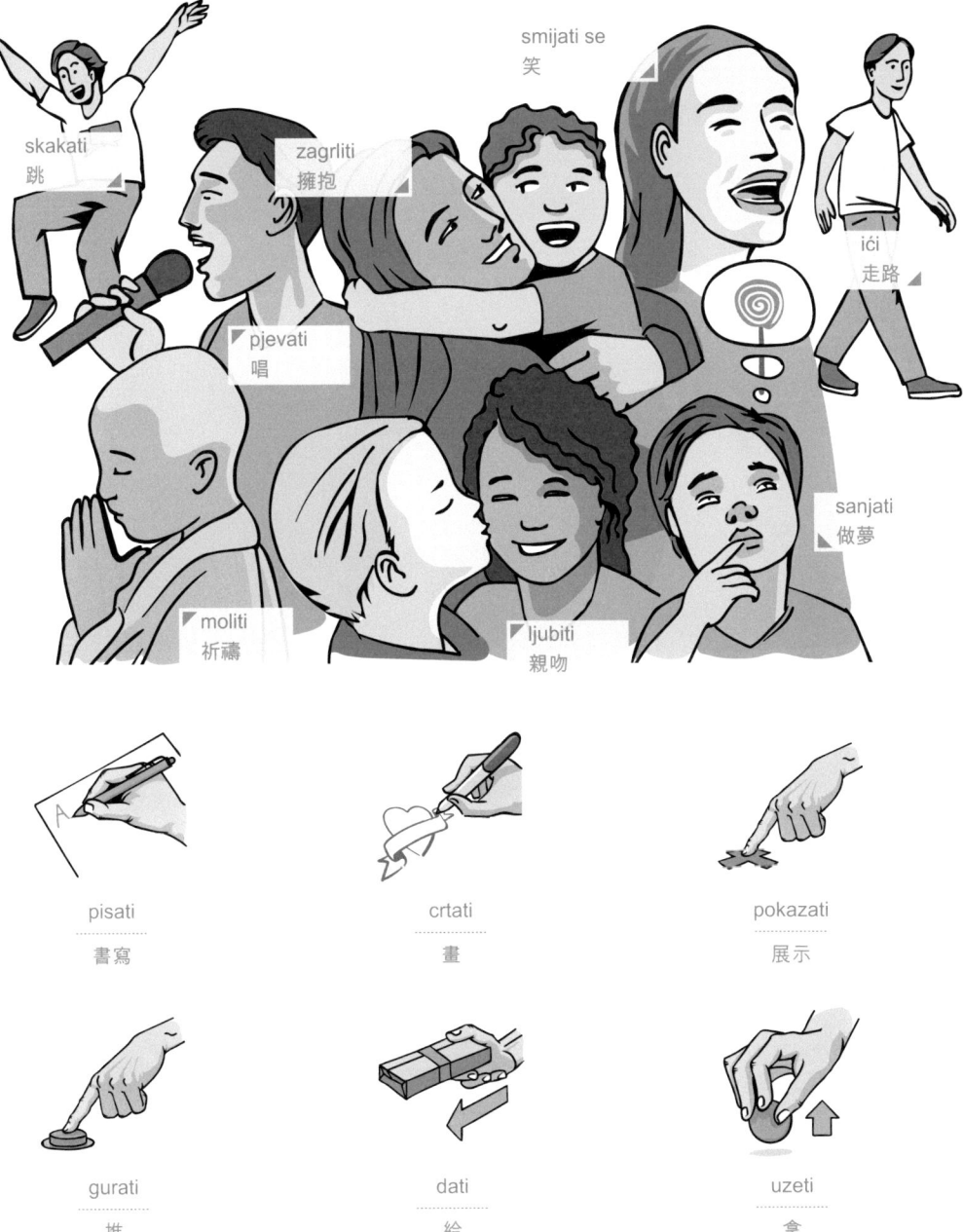

skakati 跳

smijati se 笑

zagrliti 擁抱

ići 走路

pjevati 唱

sanjati 做夢

moliti 祈禱

ljubiti 親吻

pisati
書寫

crtati
畫

pokazati
展示

gurati
推

dati
給

uzeti
拿

imati
有

raditi
做

biti
當

stajati
站

trčati
跑

vući
拉

baciti
丟

pasti
摔倒

ležati
躺

čekati
等待

nositi
攜帶

sjediti
坐

obući
穿衣

spavati
睡覺

probuditi
醒來

pogledati

看

plakati

哭

milovati

擊

češljati

梳頭

govoriti

交談

razumjeti

明白

pitati

問

slušati

聽

piti

喝

jesti

吃

pospremiti

清理

voljeti

愛

kuhati

做飯

voziti

開車

letjeti

飛

jedriti

航行

računati

計算

čitati

讀

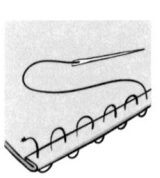

učiti

學習

raditi

工作

vjenčavti

結婚

šiti

縫

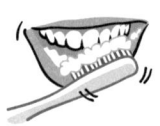

prati zube

刷牙

ubiti

殺

pušiti

抽菸

slati

寄

porodica
家

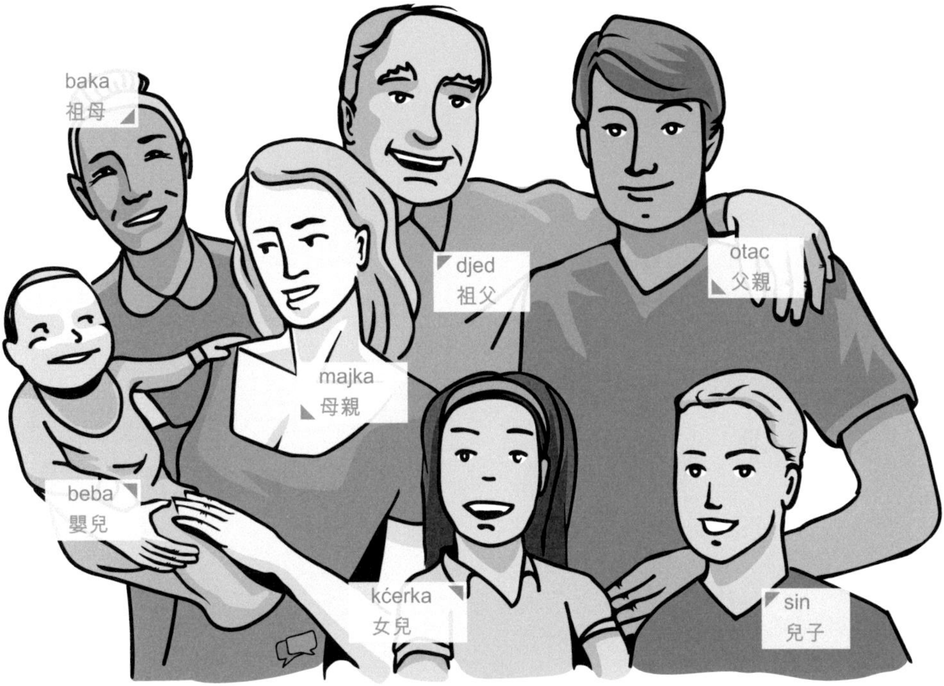

baka
祖母
djed
祖父
otac
父親
majka
母親
beba
嬰兒
kćerka
女兒
sin
兒子

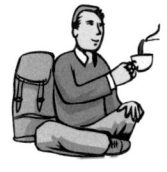

gost

客人

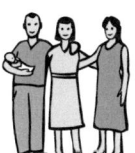

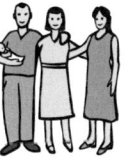

ujna, tetka, strina

阿姨

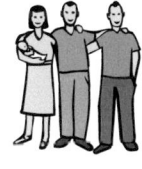

ujak, tetak, stric

叔叔

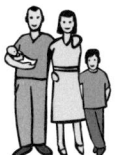

brat

兄弟

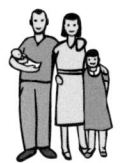

sestra

姐妹

tijelo

身體

čelo
前額
oko
眼睛
leđa
肩膀
prst
手指
lice
臉
brada
下巴
ruka, šaka
手
grudi
乳房
noga
腿
ruka
手臂

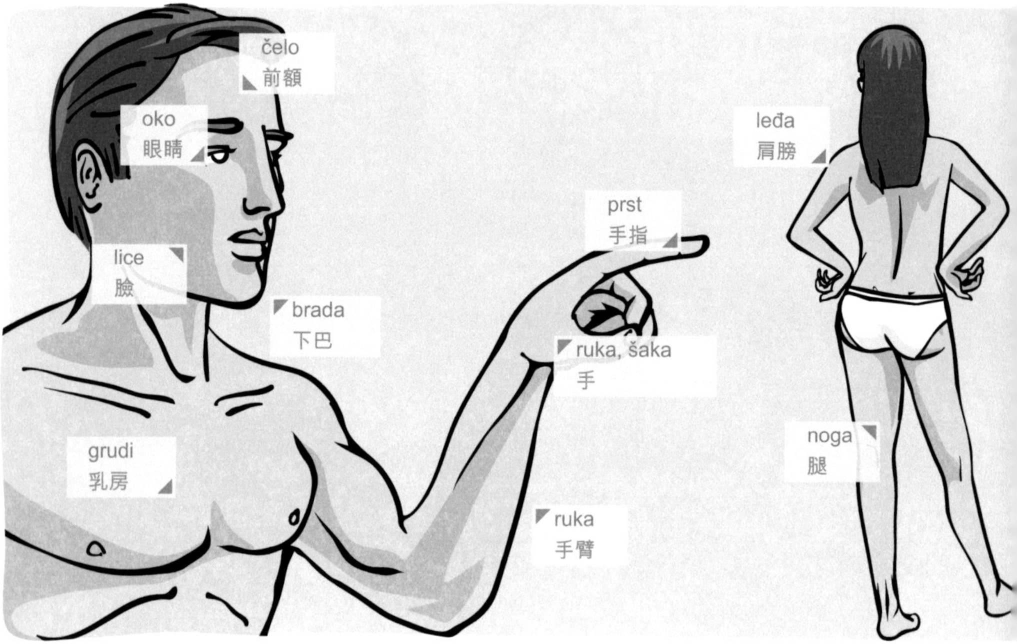

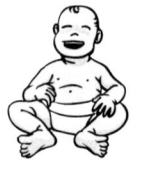

beba

嬰兒

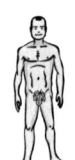

muškarac

男人

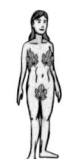

žena

女人

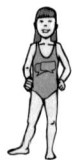

djevojčica

女孩

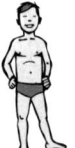

dječak

男孩

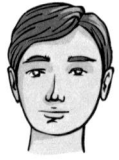

glava

頭

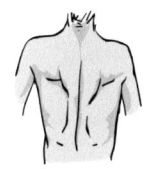

leđa

背部

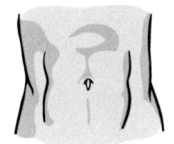

stomak

肚子

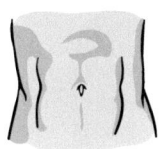

pupak

肚臍

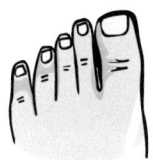

nožni prst

腳趾

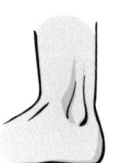

peta

腳後跟

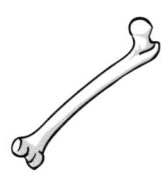

kosti

骨頭

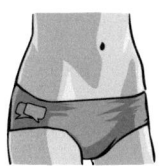

kuk

臀部

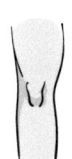

koljeno

膝蓋

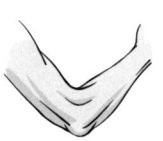

lakat

手肘

nos

鼻子

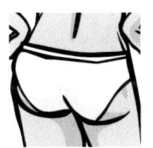

stražnjica

屁股

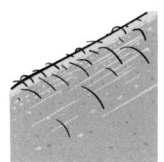

koža

皮膚

obraz

臉頰

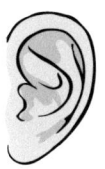

uho

耳朵

usna

嘴唇

usta

嘴

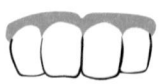

zub

牙齒

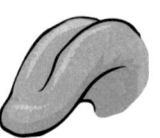

jezik

舌頭

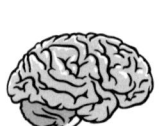

mozak

腦

srce

心臟

mišić

肌肉

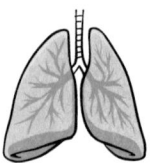

pluća

肺

jetra

肝臟

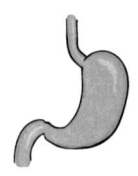

želudac

胃

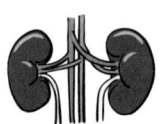

bubreg

腎臟

spolni odnos

性交

kondom

保險套

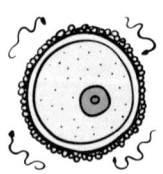

jajna ćelija

卵子

sperma

精子

trudnoća

懷孕

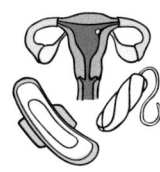

menstruacija

月事

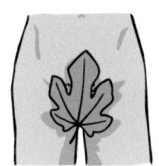

vagina

陰道

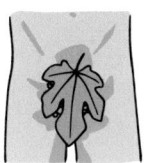

penis

陰莖

obrva

眉毛

kosa

頭髮

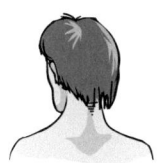

vrat

脖子

bolnica
醫院

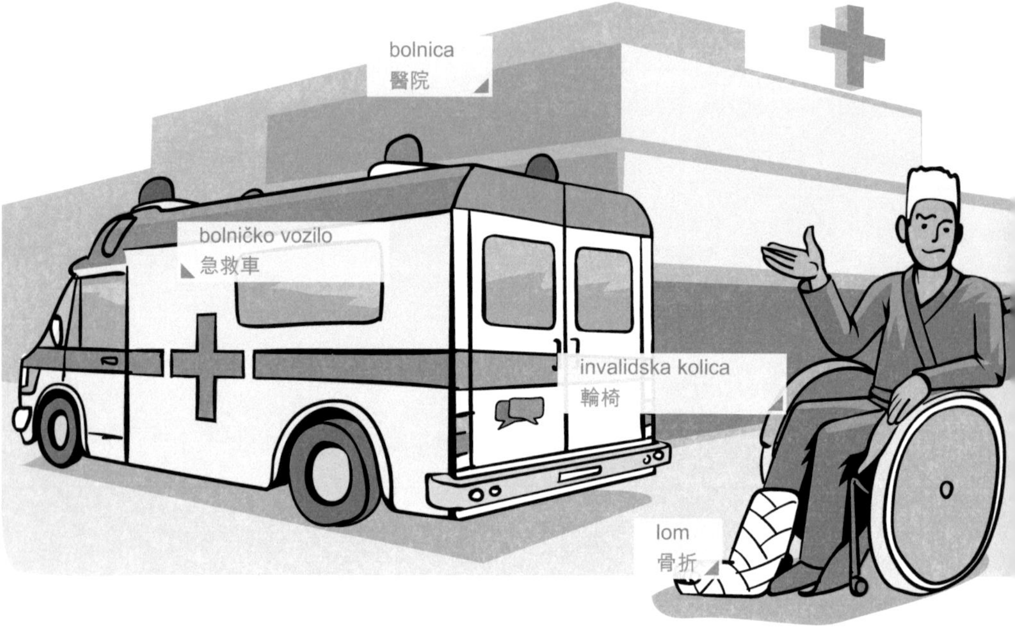

bolnica
醫院
bolničko vozilo
急救車
invalidska kolica
輪椅
lom
骨折

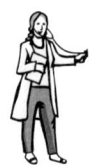

ljekar

醫師

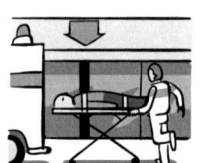

hitna služba

急診室

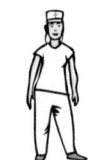

medicinska sestra

護理師

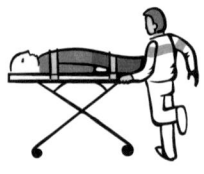

hitna pomoć

緊急情形

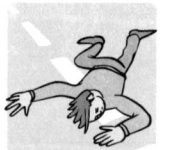

nesvjest

昏迷

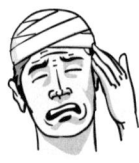

bol

痛

povreda

受傷

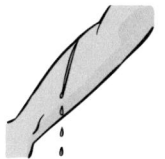

krvarenje

出血

srčani udar, infarkt

心臟病發作

moždani udar

中風

alergija

過敏

kašalj

咳嗽

groznica

發燒

gripa

流感

proljev

腹瀉

glavobolja

頭痛

rak

癌症

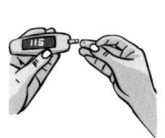

dijabetes

糖尿病

hirurg

外科醫師

skalpel

手術刀

operacija

手術

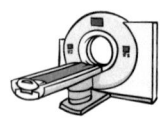

CT

電腦斷層掃描

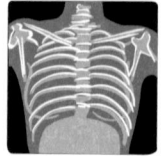

rendgen

X光

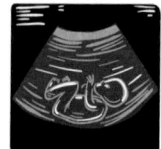

ultrazvuk

超音波

maska

口罩

bolest

疾病

čekaonica

候診室

štake

拐杖

flaster

石膏

zavoj

繃帶

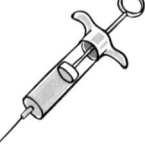

injekcija

注射

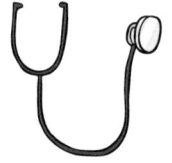

stetoskop

聽診器

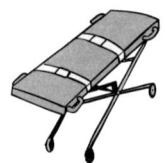

nosilo

擔架

termometar

體溫計

porod

出生

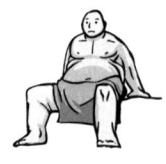

prekomjerna težina, debljina

超重

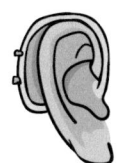

slušni aparat

助聽器

sredstvo za dezinfekciju

消毒液

infekcija

感染

virus

病毒

HIV/ AIDS

愛滋病

medicina

藥物

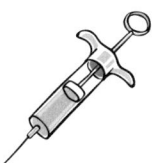

vakcinacija

接種疫苗

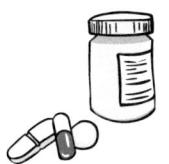

tablete

藥片

pilula

藥丸

hitni poziv

急救電話

aparat za mjerenje pritiska

血壓計

bolcstan / zdrav

生病/健康

Upomoć!

救命！

alarm

警報

napad, prepad

突擊

napad

攻擊

opasnost

危險

izlaz u slučaju opasnosti

緊急出口

Požar!

失火了！

vatrogasni aparat

滅火器

nezgoda

意外

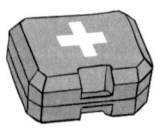

torba prve pomoći

急救箱

SOS

呼救訊號

policija

員警

Europa

歐洲

Sjeverna Amerika

北美洲

Južna Amerika

南美洲

Afrika

非洲

Azija

亞洲

Australija

澳洲

Atlantik

大西洋

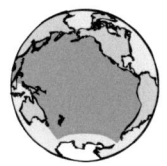

Pacifik

太平洋

Indijski okean

印度洋

Antarktički okean

南冰洋

Arktički okean

北冰洋

Sjeverni pol

北極

Južni pol

南極

Antarktik

南極洲

Zemlja

地球

zemlja

陸地

more

海

ostrvo

島

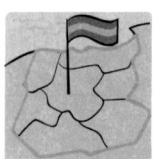

nacija

國家

država

州

brojčanik sata

錶盤

kazaljka sata

時針

kazaljka minute

分針

kazaljka sekunde

秒針

Koliko je sati?

現在幾點？

dan

天

vrijeme

時間

sada

現在

digitalni sat

電子錶

minuta

分

sat

時

ponedjeljak
週一

srijeda
週三

petak
週五

utorak
週二

četvrtak
週四

subota
週六

nedjelja
週日

juče
昨天

danas
今天

sutra
明天

jutro
早晨

podne
中午

veče
晚上

radni dani
工作日

vikend
週末

kiša
雨

duga
彩虹

snijeg
雪

vjetar
風

proljeće
春

jesen
秋

ljeto
夏

zima
冬

4.APRIL	11°	☀
5.APRIL	4°	🌧
6.APRIL	13°	☁
7.APRIL	8°	❄
8.APRIL	10°	☀

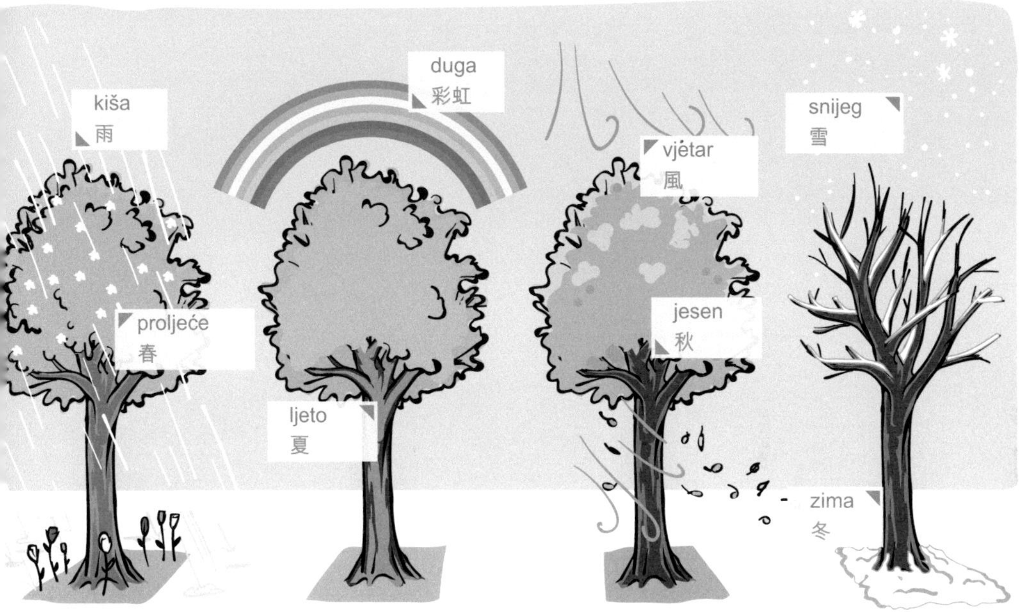

prognoza vremena

天氣預告

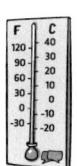

termometar

溫度計

sunčev sjaj

陽光

oblak

雲

magla

霧

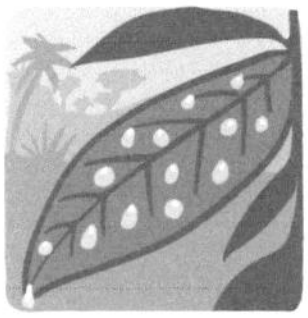

vlažnost vazduha

潮濕

munja

閃電

grom

打雷

oluja

風暴

tuča, led

冰雹

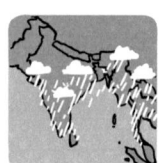

monsun

季風

poplava

洪水

led

冰

januar

一月

februar

二月

mart

三月

april

四月

maj

五月

juni

六月

juli

七月

avgust

八月

septembar

九月

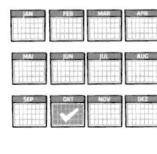

oktobar

十月

novembar

十一月

decembar

十二月

oblici

形狀

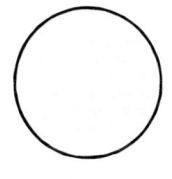

krug

圓形

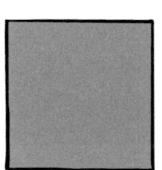

kvadrat

正方形

pravougao

長方形

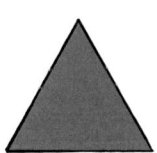

trougao

三角形

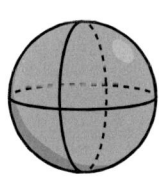

kugla

球體

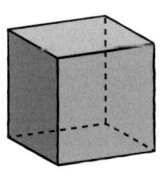

kocka

立方體

boje
顏色

bjel

白

žut

黃

narandžast

橙

pink

粉

crven

紅

ljubičast

紫

plav

藍

zelen

綠

smeđ

棕

siv

灰

crn

黑

malo / mnogo

很多/少許

ljutit / miran

生氣/平靜

lijep / ružan

美/醜

početak / kraj

首/尾

veliki / mali

大/小

svijetlo / tamno

明/暗

brat / sestra

兄弟/姐妹

čist / prljav

乾淨/骯髒

potpun / nepotpun

完整/缺失

dan / noć

白天/晚上

mrtav / živ

死/生

široko / usko

寬/窄

ukusno / neukusno

可食用/非食用

zao / prijatan

邪惡/善良

uzbuđen / dosadan

興奮/無聊

debeo / mršav

胖/瘦

najprije / najkasnije

第一/最後

prijatelj / neprijatelj

朋友/敵人

pun / prazan

滿/空

trvd / mekan

硬/軟

težak / lagan

重/輕

glad / žeđ

餓/渴

bolestan / zdrav

生病/健康

ilegalan / legalan

非法/合法

inteligentan / glup

聰明/愚笨

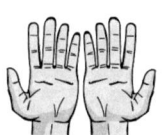

lijevo / desno

左/右

blizu / daleko

近/遠

nov / polovan

新/舊

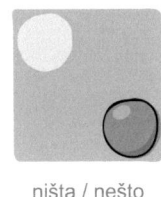

ništa / nešto

沒有/有些

star / mlad

老/幼

uključeno / isključeno

開/關

otvoreno / zatvoreno

打開/闔上

tiho / glasno

安靜/吵鬧

bogat / siromašan

富/窮

tačno / pogrešno

對/錯

hrapav / glatak

粗糙/光滑

tužan / srećan

傷心/高興

kratak / dug

短/長

spor / brz

慢/快

mokro / suho

濕/乾

toplo / hladno

溫暖/涼爽

rat / mir

戰爭/和平

0 nula 零

1 jedan 一

2 dva 二

3 tri 三

4 četiri 四

5 pet 五

6 šest 六

7 sedam 七

8 osam 八

9 devet 九

10 deset 十

11 jedanaest 十一

12

dvanaest

十二

13

trinaest

十三

14

četrnaest

十四

15

petnaest

十五

16

šesnaest

十六

17

sedamnaest

十七

18

osamnaest

十八

19

devetnaest

十九

20

dvadeset

二十

100

sto

百

1.000

hiljada

千

1.000.000

milion

百萬

engleski

英語

američki engleski

美式英語

kinesko mandarinski

普通話

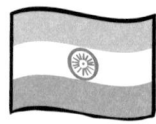

hindi

印地語

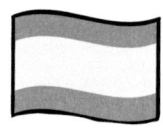

španski

西班牙語

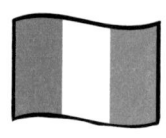

francuski

法語

arapski

阿拉伯語

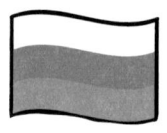

ruski

俄語

portugalski

葡萄牙語

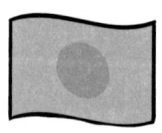

bengalski

孟加拉語

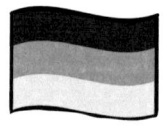

njemački

德語

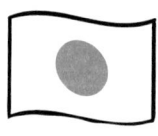

japanski

日語

ja

我

ti

你

on / ona / ono

他/她/它

mi

我們

vi

你們

oni

他們

ko?

誰？

šta?

什麼？

kako?

如何？

gdje?

何處？

kada?

何時？

ime

名字

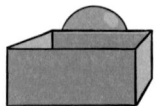

iza

後面

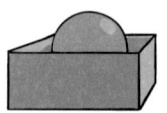

u

裡面

pred

前面

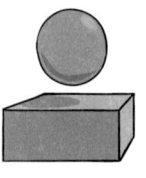

iznad

上方

na

上面

ispod

下麵

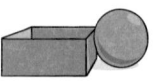

pored

旁邊

između

中間

mjesto

地點